내가 어두운 그늘이었을 때

박시우

시인의 말

한동안 무기력증에 빠졌다.
진부한 언어와 낡은 서정 때문에.
그때나 지금이나 위로는 음악이었다.
십 년 만에 두 번째 시집을 낸다.
그때나 지금이나, 게을렀다.

2025년 여름
박시우

내가 어두운 그늘이었을 때

차례

1부 어제 밤새 읽었던 책

그믐	11
흠향	12
독거	14
향년	15
중우 벗은 할배	16
장마	17
묘주	18
검정 비닐봉지	19
포강	20
우수의 끝	23
장원의 여름	24
나루터 민박집	26
저녁 산책	28
배롱나무 흰 꽃	30
한 끼	31

2부 죽은 그늘을 한 쪽씩 물고

공소	35
전류리포구에서	36
배차전	37
호우주의보	38
말복	39
내가 어두운 그늘이었을 때	40
퇴적	41
북망	42
연리지	43
옹천 할매	44
이장	46
리스트의 크리스마스트리를 들으며	47
밀원	48
짐	50

3부 내란의 밤

봄날의 국수	53
채송화 필 때까지	54

겨울 음화	56
입동에서 동지로	58
천변 여로	60
내력	62
가서	64
소 잡는 날	66
순대 타운	67
세한	68
그 밤, 베토벤 30번 소나타를 듣고 있었을 때	70
그날의 아리에타	72
쿠프랭의 무덤	75
잔향	76
월행	77

4부 입수부리 얇은 철새가 하늘에 흘린 푸른 낱알

렌토보다 느리게	81
예브게니 코롤리오프가 연주하는 바흐 프랑스모음곡 제5번을 들으면서	82
종의 골짜기	83

해변의 이중주 84
글렌 굴드가 연주하는 바흐 영국모음곡
제1번 중 사라방드를 들으면서 86
마 메르 루아 88
대답 없는 질문 91
게르하르트 휘슈를 들으며 94
시적이고 종교적인 어느 변두리의 저녁 음화 96
붉은 섬 98
대인시장에서 길을 잃고 헤매다 만난 장어의
등은 왜 그렇게 어두웠을까 100
바로크 마을에는 개들도 대위법으로 짖는다 102
르송 드 테네브르 104
환상 소곡 105

해설

음악을 껴안은 채 이곳을 바라보는 리얼리스트 113
—문종필(문학평론가)

1부
어제 밤새 읽었던 책

그믐

후퇴하는 인민군이 마을에 들어와
삼십 중반 사내를 앞장세웠다

충청도로 넘어가는 영마루에서 쉴 때
사내는 몸을 낮추고
눈매 순한 젊은 군관에게 다가갔다

내일이 집안 제사라요
어머니께서 밤잠 안 주무시고 기다리시니
꼭 좀 보내 주시라요

사내를 한참 들여다본 군관은
대열 끝으로 눈길을 던지더니
몸을 돌려 달만 쳐다보았다
이튿날 미군 쌕쌕이가 고개 너머로 날아갔다

아버지는 아흔이 넘어도
군관 걱정에 자갈처럼 중얼거렸다

흠향

그해 봄에도 이팝꽃은 피었네
서둘러 뽑은 사진을 안고 소복들은 통곡했네
꽃잎이 아들 밥그릇에 붙은 밥알처럼 보여
거리를 벌벌 기어다녔네

남풍은 보았을 거야
피로 물든 가로수와 구덩이에 굴러떨어지는
그림자들을

그 자리에 핀 이팝꽃은 무성했지만
말라도 너무 마른 봇도랑을 보며 혀를 찼네
한발旱魃에 귀신 귀가 들어갔다지
저수지 바닥을 갈라놓은 가뭄이
골방으로 넘어와
눈동자를 벌겋게 뒤집어 놨네

한동안 입을 조심했네
그저 눈에 담아 두었을 뿐

소쩍새 울음 머리에 동여매고
관짝처럼 누워 지냈네
남풍이 불면 묘지마다 피딱지가 엉겨 붙는데
해마다 찾아오시는 꽃들은
어찌 이리 고운지
마치 속없는 손님들 같아 슬몃슬몃
눈을 흘겼다가 날만 좋으면 뭐 하나 싶어
산천 꽃 향이라도 실컷 자시도록
사철 곁에 모셔 놨네

독거

묽은 간장 같은 노인이
벽지에 번진다
마른 침대에 다다른 얼룩은
결린 등허리를 뒤척인다
화사한 몸뻬로 오랫동안 품었건만
부화하지 않는 부황은
아랫배에 붙어 있다
찬거리가 마땅치 않아
밥에 달걀을 깨트리는 저녁
무심히 봐도
창밖 노을은 매양 무정란
난각 코드 사라진
고요한 혼밥

향년

상주 질구내 외숙모가 눈을 감았다
한겨울에도 김이 피어오르던
마당 우물은 흐려지고
처마 아래 매달아 놓은 곶감에는
하얀 분이 가득 올라왔다
기억나는 선대가 드문 외갓집
산신각 뒤편 여우굴 울음 닮은
사내들은 명줄이 짧았다
천둥 치면 곡비처럼 우는 갑장산 개울에
하염없이 띄워 보낸 청상 세월
꼭 그날 하루 같았던 아흔둘 생애
비로소 향년 두 글자를 얻었다

중우 벗은 할배

송지동에 시집가니께 마카 최씨 문중이래여 신랑이 그러대 우리 마을에는 중우 벗은 할배가 많다 그래여 하루는 나 어린 아낙이 자기 배 속에 중우 벗은 할배가 들어섰다메 갑자기 내더러 자네라고 하대를 하도 어이가 없어가꼬 그 자리에서 쏴붙였지

난중에 듣고 보이 기가 막히대 벌거벗고 댕기는 얼라인데 촌수는 할배뻘인기라 그런 말 있다 안 하나 배 속에 든 형은 없어도 배 속에 든 중우 벗은 할배는 있다꼬

무논에 개구리 울면 여즉도 생각나여 새카맣게 해가꼬 논골로 뛰댕기던 중우 벗은 할배들 말이여

장마

 지금도 천벌 받고 있을 거여 갓난애가 온전치 않다고 밤중에 개울가로 데려간 놈들이었으니께 그것도 지 동생이랑 둘이서 말이여 사람 새끼라면 그럴 순 없지 그길로 서울 가서 돈 좀 벌었다고 얼마나 동기간을 무시했어 고것들이 말년에 몹쓸 병이 들고 정신이 휙 나가 생고생하다 뒈진 건 죗값을 치른 거였어

 그해 여름 달포가 넘도록 가물다가 큰비가 내리던 저녁이었지 개울물 소리가 애기 울음처럼 들리데 깜짝 놀라 허겁지겁 애호박을 썰고 감자를 뭉텅뭉텅 썰었어 우는 소리를 듣지 않으려고 양재기에 밀가루 반죽을 쾅쾅 치댔지 수제비를 뚝뚝 끊어내면서 미끄덩거리는 반죽을 보니까 사지에 힘이 빠져 그만 그릇을 놓쳤지 뭐여 근데 뭔 정신이 그랬는지 몰라 대체 뭘 건지려고 했는지 나도 모르게 끓는 솥에 손이 들어가데

 그때부터 첫 장맛비가 오면 손이 떨려 뭘 하들 못 혀 다 업장이여 업장 고것들하고 핏줄이 같은 죄로 말이여

묘주卯酒

 간밤 꿈에 니 아버지가 무서운 얼굴로 나타난 기라, 두루마기를 입고 꽁꽁 언 맨발로 집 앞을 휙 지나가는데 부를 틈도 없이 사라지데, 하도 요상해 고개를 빼고 내다봤더니 글쎄, 니 아버지 몰래 선산 팔아먹고 더머실 포강에 빠져 죽은 목동 큰조카 고게 골목 끝에서 나오는 기라, 꼴도 보기 싫어 대문을 걸어 잠갔는데 백모님 백모님 부르면서 술 한 되만 받아 달라 하데, 하도 애원해가 술도가에서 받아 온 주전자 뚜껑을 여는데 그놈이 거기에 빠져 있지 뭐여, 뒤져서도 오살헐 놈, 얼마나 놀랬는지 밥도 안 멕히고 심란혀서 그래 아침부터 한잔했지 뭐여

검정 비닐봉지

 저 안에 뭣이 들어 있는지 덜컥 겁부터 나서 지금도 잘 만지지 못해 그때만 생각하면 심장이 벌렁거리고 맥이 탁 풀려 버리니께 근데 고것이 거기에 들어 있을 줄 누가 짐작이나 했겠소 바스락거리는 비닐봉다리를 여니까 탯줄도 떼지 않은 핏덩어리가 꼼틀거리지 뭐여 처음엔 비명을 질렀지 정신을 차리고 봉다리 밑을 만져 보니까 온기가 아직 남아 있데 그길로 휴게실에 달려가서 수건으로 싸매고 일일구를 불렀어 망할년이라고 욕을 하다가 나중에는 저절로 눈물이 나오데 알고 보니 쓰레기통에 가득 쌓인 휴지가 고것을 살렸더라고 똥 닦고 아무렇게나 던진 휴지 뭉치가 이런 기특한 일을 다 하데 미화원 십 년에 이런 일은 처음이여

포강

조부는 밤을 친다
상투 끝이 하얗게 벗겨진다
달이 찰수록 늘어 가는 조모 잔소리에
증조모는 말없이 전을 부친다
어머니는 뒷짐 지고 혀를 찬다

증조부가 절을 올리자
수염을 쓰다듬으며 차례상을 받는 아버지

올해도 묘사가 끝나면 포강세는 야물게 거둬라
저 들판의 포강이 우리 집안의 숨골이니라

굴비에서 산적으로 넘어간 젓가락,
증조부와 조부가 차례로 따라 주는 첨잔에
기분이 흐뭇해지는 아버지

계축년에 양자 들인 거는 원망하지 마라
손이 귀해 황소라도 입적해야 할 판이었다

증조부는 엎드려 연신 고개를 끄덕이고
조부는 가끔 날 선 헛기침을 쏟는다

잘 보아라, 내 뒤의 저 아이가
갑진년에 태어날 증손주이니라
술을 좋아할 사주이니
아랫목 술독이 익으면 자주 꺼내 줘라

증조부는 마루에 걸터앉아 봉초를 꺼내고
조부는 다가올 운명에 한숨을 내쉰다
부엌에서 훌쩍이는 증조모에게
어머니는 바람 타는 시누대 같은 야단을 친다

재를 파헤친 신작로는 혈을 건드렸다
선산이 읍내 석재상에게 넘어가고
음복도 마치지 않은 제상 앞에서 호통이 들렸다
몇 해 발길 끊은 주정뱅이 장조카는

이른 아침 수초에 엉킨 채 발견되었다
그해 가을 포강에는 거품이 들끓었다

비늘 없는 물고기들이
달밤에 묘혈을 뚫고 나와 우는 소리여,
백부를 악심하는 귀신이니께
저수지가 말라야 하니라,
무당은 껑충껑충 뛰며 칼을 휘둘렀다

포강에는 발길이 끊어지고
물이 차차 빠진 바닥에는
검은 묏등이 솟아 있었다

우수의 끝
―최용탁 작가에게

집에 손님이 찾아왔다
관에서 나온 손님은 나를 보더니 아버지에게
동생분이냐고 물었다
얼른 창밖으로 눈길을 돌렸다
이른 황사가 뒤덮은 하늘
내리다 만 진눈깨비들이 마블링처럼 박혀 있다
가져온 서류를 펼쳐 놓은 손님은
나를 힐끗힐끗 곁눈질로 훔쳤다
아버지가 이리 좀 오라고 불렀지만
마당으로 나가 먼 산만 바라보았다
살다 보니 이런 날을 다 겪다니
면구한 오늘은 나의 방드르디,
무인도에 다다른 생의 물살이여
어제 밤새 읽었던 책이여
전지 작업 마친 복숭아나무에
슬그머니 귀 대고
얼음 풀린 남한강 물소리를 듣고 있다

장원의 여름

송판에 못질하는 먼 아재
얼룩덜룩 메기 등짝에
쌀알 같은 땀방울이 흘러내렸다

불러도 대답 없는
타마구 바른 피막 문짝에
돌멩이를 던지자
검버섯 핀 송장메뚜기들이
그늘 한입 물고 날아올랐다

풀 먹인 도포 자락 스치는 소리에 놀라
과수원 끄트머리로 달려
언덕에 오르면
구름은 마을 어귀에
청동빛 밥그릇을 차려 놓았다

풋사과 따 먹은 입술 아려 오는
저녁 돌담길

저승에서 넘어오느라
입 벌리고 더운 숨 토해내는
능소화 모가지들을 한 아름 꺾어
이끼 우물에 던졌다

낮에는 혼자 질구내에서 헤엄치다가
저녁에는 익모초를 마시고
모깃불 피운 평상에 누워도
열꽃은 가라앉지 않았다

나루터 민박집

고랑마다 거센 흙탕물이 떠내려가는 새벽
늘어나는 토막잠 마디에 형형한 낚시꾼이 장박을 틀었는지 등허리가 결린다, 부스럭거리는 베갯속 메밀밭 쳐서는 멀고 빗소리 커질수록 하얀 잔뿌리들이 창문에 달라붙는다

명부에도 없는 검은 우의가 툇마루에 걸터앉는다
문지방을 넘어오는 지독한 물비린내
먼 옛날 남녘 외딴섬에서 비슷한 냄새를 맡은 적이 있었다 늦여름 바다는 들끓었고 물새들은 만장처럼 흐느적거렸다

얼마나 잡았수?
손맛 본 지 오래됐수다
내일은 배를 빌려 저수지 안쪽으로 가 보리다

민박집 노인이 몸을 떤다

가지 마시오, 고약한 섬망이 배를 휘감아 어디론가 데려간다오 흔들리는 형광 찌가 사람 머리로 보이면 그땐 이미…

섬돌로 내려서는 검은 우의,
갑자기 마루 밑에서 흑개가 튀어나와 비명을 지른다

가끔 헛것을 보는지 허공을 깨물고는 며칠 앓아누우니 마음 쓰지 마시오

노인은 손때 반질반질한 툇마루 기둥을 어루만지며 중얼거린다 비바람이 불 때마다 기둥 못에 걸린 우의에서 비늘들이 떨어진다 아침에 방을 빼겠다고 하자 웃는 건지 우는 건지 모를 표정을 짓는 노인, 굽은 등으로 지느러미를 세우고 가물치 반점들이 돋아난 얼굴로 나를 골똘히 쳐다본다

저녁 산책

아주 오래된 공동묘지

털 빠진 개 한 마리
뒷다리 사이로 꼬리를 집어넣고
뼈다귀를 갉아 먹는다

그르륵 샤르르 갸갹
나뭇잎마다 소름 돋는 소리
붉은 혀만 살아 있는 적막
소멸로 접어드는 긴 아리에타

녹슨 철조망 너머 희미한
저녁별 같은 인기척에
흰 어금니들이 떨고 있다

진창에서 나온 개가
다리 없는 사내에게 걸어간다

둘이 만나는 공제선
숲이 잠시 흔들렸다

배롱나무 흰 꽃
—얌얌이네 마당

어디서 왔느냐,
흰 달에서
흰 더위에서

흰 무덤 하나 물고
낮게 낮게 날아가는
뜨거운 새여

한 끼

동짓달에 퇴원한
엄마에게
일흔 딸이 발라 주는
조기찜

흰 살은 얇고
허기는 깊고
밤은 길고
입은 짧아
겨울 별자리처럼 높은 밥상
쓸쓸하고 거룩한 수저

# 2부
죽은 그늘을 한 쪽씩 물고

공소公所

바람의 파르티타가 흐르는 겨울밤
털모자를 쓴 노동자들이
발전소 굴뚝에 올라갔다

발아래 교회마다 메시아를 외칠 때
공중 천막에는
등 시린 별빛이 찾아왔다

지상에서는
더 이상 할 수 있는 게 없어
하늘 높이 차린 전례

기약 없는 복직만큼
머나먼 불빛

전류리포구에서

서녘 하늘에 표착한
붉은 난파선

얼음장 갈라지는 소리
얼어붙은 철새

유빙 사이 물길 트는 어부
살 오른 무쇠칼

아가미 헐떡이는 초승달
잔기침 같은 별빛

배차전

탕건 쓴 할배 여름 제사든
곰방대 문 할매 겨울 제사든
사방 귀퉁이를 반듯하게 잘라
십여 장을 얹어야
흠향

어릴 때는 쳐다보지도 않았다가
아버지 떠나고
엄마 가고 나서야
내 몸에 오랫동안 밴
기름 냄새, 뒤꿈치에 생긴
가을밭 한 고랑
달큰한 흠향

호우주의보

국수를 먹다가
그녀는 갑자기 눈물을 흘렸다
저수지에 빠져 죽은
할머니 흰 머리카락이 떠올랐다고 한다
물결 따라 일렁이는 백발이
풀어 헤친 국수 가락처럼 보여
그녀는 두 손으로 방죽을 잡고
바닥까지 비웠다
가게 유리창에 빗물이 들이친다
물에 번진 붉은 부적이 떨어지자
전기가 나가고
그녀는 비명을 질렀다

방금 내려놓은 방죽 위로
쪽진 머리가 떠올랐다

말복

능소화 핀 담벼락 아래
폐지 실은 손수레가 멈춘다

부채질 긴 한숨에
꽃송이마다 울리는 트럼펫 소리

옆구리에 성경을 낀 말러가
천국의 음악이라고 설교한다

노인은 고개를 가로젓는다
아들 내외는 타지에서 죽은 지 오래
손주는 한 달에 보름은 가출
너무 멀리 있다고, 천국은

종이 상자 뜯는 소리가 복음이고
꽃그늘이 천당이라고
손짓한다, 어서 갈 길 가시라고

내가 어두운 그늘이었을 때
—시벨리우스 교향곡 제4번을 들으며

눈보라가 치는 어두컴컴한 침엽수림
체온 있으면 모두 눈사람
말 뒷다리를 깨물었던 회색 늑대도
멀리서 보면 중절모 쓴 눈사람
통나무 틈 사이로 간밤 어지럽게 빛났던 눈빛들
밤새 무서워서 씹고
문밖 설원에는 배고픈 한 무리도 씹다 보면
우두둑, 설해목 부러지는 소리
천천히 방아쇠를 당기는 손가락

퇴적

노인은 손수레를 세우고
눈부신 퇴적을 뒤돌아보았다
연대가 뚜렷한 감자 오이 매실 당근 상자들은
가지런한 퇴적층을 이루고
생몰 미상 갑각류는 축축한 고생대에 깔려 있다
도로 경계석에 앉아 담배를 꺼내는 노인
바퀴 바람은 반쯤 빠져 있고
매일 조금씩 분출하는 수염은 압화처럼 붙어 있다
기지개를 켜려고 오금을 폈지만
다섯도 헤아리기 전에 주저앉았다
노인은 가랑이 사이에 머리를 박고
경운기 시동 소리로 가래를 끌어 올렸다
잠시 갈팡질팡 더듬이를 내젓던 개미들
죽은 그늘을 한 쪽씩 물고
삼도내 물소리 아렴풋하게 들리는
하수구 틈새로 들어갔다

북망

무지개 뜬 빗물 웅덩이에서
날개를 씻는 참새
화물 트럭 밑에서 나란히
웅크린 고양이 가족
정류장 불빛으로 모여드는 젖은 신발
동전 같은 발걸음을 잡아당기는 표면 장력
헌 타이어 몇 개 사주처럼 눌러앉은 지붕
환상곡이 흘러나오는 장군보살집
허공으로 담배 연기를 내뿜는 여인
바람에 흰자가 커지는 가로등
노을이 쌓아 올리는 구름의 명부전
잠시 멈춰 서서 쿵쿵대더니
북향으로 발길 돌리는 떠돌이 개
달이 차오른 붉은 배

연리지

노인이 나무에다가 오줌을 눈다
굽은 등에 유리 조각 같은
매미 울음이 꽂힌다
배뇨가 길어지자
땀에 젖은 회색 남방 겨드랑이는
검은 노래기처럼 꿈틀거리고
고장 난 배수펌프장은
단벌 바지에 수해를 입혔다
양산을 든 여인이 지나간다
소쿠리만 한 그늘 속에서
눈살을 찌푸리다가 외마디 소리를 질렀다
휘어진 나무가 노인에게 기댄 채
한 손으로 지퍼를 올리고 있다
부엽토가 수북이 쌓여 있었다

옹천 할매

할매 열 명이 든 방에 술병이 줄을 선다
한 명당 근 세 병쯤 비웠을 즈음
방문이 탕, 열린다

내 쓰레빠 어데 갔노!
저짜에 있니더
멀다카이 가차이 대라!
너불메기 조심하이소

화장실 가시는 길
식당 아들은 오금을 펴지 못하고
허리 꼿꼿한 할매는 걸거치게 핀
영산홍 귀빵메이를 걷어찬다

어데서 오셨니껴?
옹천서 왔니더

요케 한번 놀아뻬야 썽이 풀린다, 아이껴

대전사 뒤편 주봉에는
해가 두어 뼘이나 남았다

이장

도라지밭 한 귀퉁이에 모였다
하얀 모시 치마는 손수건으로 입을 막았다
도라지 씨앗처럼 작은 울음이
암갈색 흙에 섞여서 나왔다

엄마, 오 년만 있다가 꺼내 줘

꿈자리에 나온 지는 몇 해 흘렀지만
너무 어려서 가까이 가지 않았다가
큰물 지고 윤칠월에서야 날을 잡았다
애써 잊다 보니
보라색 입술만 오래도록 남았다
도라지밭 아니랄까 봐
백골만 남은 도라지
육탈한 잔뿌리들이 웃는다

리스트의 크리스마스트리를 들으며

새벽 여섯 시 영하 십일 도
교회마다 켜져 있는 대림절 십자가
살얼음 한 장 녹일 수 없는
온기 없는 불빛

남태령에서 밤새 경찰과 대치 중인
전봉준 투쟁단, 농민들이 몰고 온
트랙터와 화물차 불빛
뜨거운 닭죽을 들고 달려간 시민들

고갯마루에 핀 성탄 트리

밀원

고깃배가 돌아올 때까지
소년은 툇마루에서 구름을 쫓았다
가끔 긴 날숨을 내쉬며
담배 피우는 흉내도 냈다

마을은 온통 육젓을 잡느라
가까운 어른 손이 귀해
살구는 짓무르고
보리밭은 타들어 갔다

푸석한 슬레이트 지붕골은
등에 곰방대 꽂고 콜록대는
구판장 할배 늑골처럼 보여
소년은 누워도 낮잠이 오지 않았다

돌담에 벗어 놓은 구렁이 허물에
쉬파리가 뒤덮으면
묘지들이 널브러진 빈약한 숲에서 뭣을 빨았는지

화분을 잔뜩 묻혀 온 꿀벌이
별안간 울음 터뜨린
소년의 정수리에서 날아올랐다

짐

합정동,
택시가 잡히지 않아
개인 용달을 불렀다

고개를 내민 기사는
사방을 두리번거렸다

짐은 어디에 있어요?
아, 제가 바로 짐입니다

3부
내란의 밤

봄날의 국수

식탐 없는 엄마가 하루는
국수를 달라고 했다
엄마를 돌보던 누님은
형제들을 부르고 눈가를 훔치며
뜨거운 국수에 울긋불긋한 고명을 얹었다
분홍색 턱받이를 두른 엄마는
벚꽃 지는 속도로 국수 한 그릇을 다 비웠다
더는 떨어질 꽃이 없는 늦은 봄날
그게 생애 마지막 식사
가장 쓸쓸한 국수였다

채송화 필 때까지

여보세요, 나비소리 요양원이죠? 우리 엄마 그리로 모시려면 어떻게 해야 하나요?

먼저, 어머니의 어깻죽지를 살펴보세요. 날개가 뭉쳐 있을 겁니다. 그걸 먼저 펴 드리세요.

뭔가 조금씩 솟아오르네요. 세상에, 엄마에게 날개가 있었다니!

어머니께서 하루에 날갯짓을 백 번만 하실 수 있도록 도와주세요. 날갯짓 소리를 들으시면 고향으로 돌아가실 수 있으니까요.

그럼 한 달에 얼마예요?

어머니께서 받으신 등급은 채송화 씨앗만 준비하면 됩니다. 채송화 등급의 어르신들을 관찰한 결과 빈 땅만 보이면 뭔가를 자꾸 심으시려고 하거든요. 고무 대야나

스티로폼 박스에 철마다 꽃씨를 심어 보신 어르신들은 금방 적응하실 거예요.

　면회는 자주 가도 되나요?

　채송화 필 때까지 기다리는 게 좋아요. 그 전에 오시면 집으로 가겠다고 고집을 부릴 수도 있답니다. 아마 초가을쯤 채송화에 사뿐히 앉아 계시는 어머니를 보실 수 있을 겁니다. 그래서 여기 오시기 전까지 집에서 날갯짓을 자주 하시면 좋아요.

겨울 음화

1
알바,라도 하라는 잔소리에
스무 살 휴학생은 홧김에,
라이터를 켰다

아버지는 불을 끄다가 숨졌고
엄마는 가정을 지키기 위해
진술을 거부했다

눈이 다시 퍼붓고
아들은 하염없이 눈물만 흘렸다

2
24시 편의점 한구석,
유리창에 비친 얼굴 보며
삼각김밥을 넘기는 목구멍은
삶이 수직으로 경화되는
검은 형틀이다

눈은 또 내리고
밤은 조금씩 길어졌다

입동에서 동지로

1
왜 얼른 안 죽는지 몰라
너무 오래 살아서 니들한테 짐이여
어머니는 밤중에 자해를 했다
마늘을 다지듯이
칼등으로 손목에

그때 첫 추위가 밀려오는 창틀 아래서
여인의 손을 더듬고 있었다
기울어진 발바닥
지축을 타고 뻗어 오는 차가운 성에
이른 저녁이었을까
마취에서 깨어날 때
군가를 부르고 있었다
천천히 떨어지는 수액처럼

2
하루 세 번
알약 같은 섬들을 삼키느라
마른 목구멍 깊은 곳에서
쓴 물결이 일었다

침대는 뻘밭
몸을 뒤척일 때마다 한없이 빠져든다

3
오늘의 일출 시간 일곱 시 삼십 분
여명 속으로 혼령처럼 스며드는
쓰레기 소각장 연기
사다리를 타고
허공으로 올라간 하얀 안전모
하늘에 걸린
타워 크레인이 움직이는 시간

천변 여로

둑방 아래서 장닭이 울고
강물 위로 피라미들이 튀어 오르는 저물녘
떠내려가는 꽃잎들을 삼켰다가 내뱉는 숭어

탁한 갯물에 뜬 초저녁 상현달
어릿광대처럼 흔들린다
하구의 검은 소실점을 끌고 어부가 돌아오면
거대한 흰 뼈로 변하는 둑방길

어두워지면 서로 마주치지 않으려
새들은 미루나무로 날아가고
낚시꾼들은 파라솔을 접는다
다시 물고기 튀는 소리에
눅눅한 공기
비릿한 내장을 쏟아낸다

송전탑에 걸려 휘청거리는 청동빛 구름
오늘 밤 강어귀 어느 불빛을 붙들고

커다란 울음 한번 터뜨릴 텐데
갑자기 닭장 양철 지붕을 때리는 우박
라 쿰파르시타
천변에 울리는 무곡의 알갱이들
공중에 웽웽 떠다니는 가장 행렬
엄마에게 묻고 싶은
라 쿰파르시타 종점
갈 길이 먼 둑방길 허기

내력

 나의 선사는 붉은 사막 낮에는 가시덤불이 뒹굴고 해가 지면 동굴 야회가 열립니다 누가 그렸는지 알 수 없어요 사냥을 멈추지 않는 암각화 들소 무리를 뒤쫓는 핏줄을 물려받아 앞모습은 반쯤 풍화되었습니다

 잉여의 시대에는 별똥별이 흔해 점성가들 눈빛이 흐려졌습니다 청동검이 허공을 가릅니다 화염 같은 춤을 추며 베일을 하나씩 벗겠으니 바다를 건너온 이단자의 더운 피로 짐승의 뿔을 흠뻑 적셔 주세요

 뿌리 없는 구름을 거느리고
 세상 어지럽힌 죄를 물어
 깊은 동굴에 유폐시켜 주세요

 가혹한 형벌은 아닙니다 척박한 땅도 아닙니다 지평선 너머 오아시스가 얇게 떠오르는 기적이 일어나기도 하니까요 가끔 카라반 행렬이 지나가지만 낙타도 사람도 자기 그림자 속에는 숨을 수 없는 운명인지라 타인의

불행에는 무심합니다

　뜨거운 모래를 뚫고 전갈의 노래가 들려옵니다
　배회하는 짐승들은 초승달 아래서 송곳니를 갈고 이슬 머금은 가시들은 낯선 손길을 기다립니다 가시에 찔린 이방인들은 귀향을 서두르지만 폭풍이 성채 같은 모래 언덕을 세웁니다

　올라가도 자꾸만 미끄러지는 비탈 아득히 걸어온 흔적은 사라지고 따가운 울음만 흘러내립니다 지쳐 쓰러진 우물가에서 뱀이 귓가에다가 꼬리를 떱니다 잠결에 들었던 그 소리는 계절이 바뀌어도 사라지지 않습니다.

　너의 선사로 돌아가라
　네 몸속에는 문명이 들어섰으니
　두 발로 땅을 딛고 일어서라

가서家書

잇몸에서 자라는 고드름이 유치를 밀어내는 밤
아가리들이 동굴에 모여 뼈를 핥는다
뼈가 하얘질수록 굵어지는 눈발
아가리마다 흰 입김이 피어오른다

용코, 등이 굽었구나. 월하月荷는 우리 부족에게 운명이니라. 송곳니가 봉우리처럼 솟아나거든 이 골짜기에서 가장 맛있는 짐승의 배때지를 먼저 깨물으렴.

추령님, 부드러운 뱃살에 머리를 눕히고 싶어요. 딱딱한 넓적다리 뼈로 만든 베개는 꿈자리가 어지럽거든요.

사냥꾼에게 온정은 하루를 굶는 각오란다. 별들을 보렴. 우리 부족이 남긴 후회가 저리 많구나.

어쩐지, 겨우내 뼈를 빨아도 입만 시려웠어요. 도넛처럼 생긴 별에 잔뜩 묻은 설탕 조각들은 언제쯤 우리 아가리에 떨어질까요.

용코, 잘 보거라. 별은 허기를 견디기 위해 공전을 한단다. 암사슴이 홀로 새끼를 낳고 무리에서 쫓겨난 산돼지가 길을 헤맬 때 우리가 그 뒤를 쫓는 이유란다.

바람 소리에서 짐승 울음이 들려요. 흔들리는 눈동자 앞에서 모닥불은 왜 그렇게 사나울까요.

벽에 그림을 그려 보렴. 두려움으로 가득 찬 이 동굴에 화색이 돌면 계절을 견디는 내력이 생긴다. 지저분한 문자에는 음모가 도사리고 있으니 이 벽화들을 기억했다가 몸이 가는 대로 따르렴.

눈 녹은 계곡물이 불어나고
나무에 새순이 오르면
들판에서 쟁기질 소리가 들렸다
동굴은 공이 되고
가서는 어둠 속으로 사라졌다

소 잡는 날

밑동 잘린 나무에서 흘러나오는
눅진한 상투스Sanctus
한 곡조 듣고 낙타고개 넘어간다
산은 높고 구름은 반음씩 하행하는
교외선 철길
서럽게 흔들리는 개망초가 기웃대는
개장 이장 상담 환영 벌초 대행
바로 옆은 붉은 간판
매주 소 잡는 날 화목금
날 잡으면 연락 주세요, 키리에Kyrie
손 없는 날은 예약이 거진 다 찼어요
화목금, 일찍 서둘러야 한다는데
처마 아래 둥지
부리 노란 제비 새끼들 입 벌리면
크레도Credo, 저녁달은 뜨고
소 잡는 날도 다가오고

순대 타운

나무 도마가 탕탕 운다
칼질이 빨라질수록 나이테도 떤다
도마가 시장 골목으로 오기까지
끓는 솥단지에 내장이 들어가기까지
한 번쯤 시원을 떠올리는
고요한 저녁은 오지 않는다
뿌리를 땅속에 두고 온 나무
여물을 먹다가 끌려온 가축
가운데 움푹 파인 도마 분화구에
건기를 건너온 쓸쓸한 식욕들이 모여든다
생의 대부분 먹고사는 일에 보내야 하는
숨의 운명, 수북이 쌓인 내장
씹을수록 텁텁한 어둠은
또 다른 내장 속으로 꾸역꾸역 들어간다

세한 歲寒

하늘을 뒤덮은 흙바람에
동이 터도 사방은 어두컴컴
아침나절 내리던 빗줄기는
오후 들어 눈으로 바뀐다

길 하나가 사라지는 동안
눈발은 점점 굵어져
화구에는 보이차 물이 끓고
화단 구석에 눌러앉은
어린 길고양이 소식마저 지워 놓는다

대처보다 서너 뼘은 더 추운 산 아래 마을
베란다 난간 아래 쪼르르 매달린
물방울은 그대로 얼어붙고
날이 다시 어둑해지면
꽁꽁 언 전지前肢 한 덩이를 꺼낸다

냉기가 끝없이 밀려오는 창가
두툼한 블라인드를 내리고
모이세비치가 연주하는 라흐마니노프를 틀면
시장은 가까워지는데
해동은 멀어
고개 너머 동북면에 솟은 흰 봉우리 닮은
한라산 뚜껑부터 딴다

그 밤, 베토벤 30번 소나타를 듣고 있었을 때

싱크대 수도꼭지에서 한 방울씩 떨어지는 물소리
국그릇에 번지는 일정한 속도와 파문
여름에는 조용하다가
날이 추워지면서 생기는 누수
건조한 대기의 빈틈에 적확하게 스며드는 질서
추운 밤하늘에 저 홀로 빛나는 샛별과
눈에 보이지 않는 은밀한 출동
잔물결처럼 평온하게 흐르는 변주
반쯤 눈만 내놓은 조약돌이 환하던 무렵,

느닷없는 계엄의 밤
조악하고 살기 어린 포고령
잠시, 가짜 뉴스로 착각했던 황당한 언어들
통제와 처단
체포와 구금
도처 발호를 기다리던 계엄군들,

서서히 소멸로 접어드는 아득한 변주

클라우디오 아라우의 느린 연주는 끝나고
시민들은 여의도로 달려가고
내란의 밤은 시작되고

그날의 아리에타

당신은 어디에서 왔나요?
갑오년 우금치에서 왔습니다
그해 가을 단풍이 유독 붉었다지요

당신은 어디에서 왔나요?
무자년 제주에서 왔습니다
아, 지금도 유채꽃이 피면 아프답니다

당신은 어디에서 왔나요?
1980년 5월 광주에서 왔습니다
군인이 어떻게 시민에게 발포할 수 있나요

잠시 숨을 고른 무녀는
온몸의 피부가 터지고 벗겨진 아이에게
시선을 돌렸다

소녀야, 너는 어디에서 왔니?
후쿠시마 바닷가 마을에서 왔어요

어른들의 탐욕 때문에 너무 일찍 나한테 왔구나

무녀는 소녀를 품에 안았다
무녀의 검은 눈물이 몸에 떨어지자 소녀는 놀랐다
양쪽 어깻죽지에서 흰 연기가 피어올랐다

놀라지 말거라
날개가 돋아나는 중이란다
오늘 밤 양 날개가 펴지거든
저기 부서진 종탑으로 날아가
열두 번 종을 치렴

무녀는 소녀에게 악보 한 장을 건넸다

무섭고 두려운 마음이 들 때마다 보렴
작은 종소리처럼 들리기도 하고
강변의 조약돌처럼 빛나기도 하는
B의 마지막 〈32번 소나타〉 찬란한 32분 음표와 트릴은

어떤 말이나 글자보다 더 큰 위안이 된단다

소녀는 고개를 끄덕이고는 허공에다가
손가락을 놀렸다
소녀의 얼굴이 차츰 평온해졌다

피아니시모로 끝나는 마지막 세 마디가
밤하늘의 별 같아요

그래, 잘 봤구나
신성한 기운이 깃들어 있는 자리란다
오늘 밤 네가 쳐야 할 종소리가 이거란다
희미하게 꿈틀거리는 저 변주에는
새로운 탄생의 기운이 서려 있단다

서로 꼭 껴안은 무녀와 소녀는
하늘을 삼키면서 다가오는 어둠을 응시했다

쿠프랭의 무덤

굴뚝새가 함박눈을 털면
작은 마을에 구상나무 향기가 퍼진다

땅에 떨어지기 위해 날개를 먼저 펴는 굴뚝새, 함박눈을 이미 결정한 대기, 달라진 것 하나 없는 아침, 해마다 내리는 폭설에 한 뼘씩 늘어나는 흰 망각, 구정물 질척이는 뒷골목을 쓸고 다니는 시궁쥐들, 채찍 같은 꼬리를 내리치며 조금씩 불러내는 어둠, 그 바닥을 핥고 가는 낡은 장화, 어느 처마 밑에 걸린 시래기, 바스러질 것 같은 푸른 기억, 겨울만 오면 편도선이 퉁퉁 붓는 꽃나무, 밤마다 하구에 쌓이는 더러운 얼음장

한 사내가 팽팽한 응시로
불꽃에 새겨 놓는 토카타
불화와 죽음이 기웃거리는 묘한 안도감
검은 머리들이 배회하는
산 68번지

잔향

총을 든 군인 사이로
고개 숙인 사람들이 일렬로 끌려갔다

철길 옆 작은 사원으로
바싹 마른 청년이 급히 몸을 숨겼다
군인이 문을 두드리자
신부는 오르간을 연주했다

총부리 앞에서
심연 같은 눈을 감은 채
천천히 두 손으로 건반을 눌렀다

복면 쓴 군중을 실은 트럭 여러 대가
깃발을 꽂고 시내를 돌아다녔다
광장에 모인 함성이 점점 커지더니
별안간 총소리가 났다
오르간 잔향은 천장을 타고
피로 물든 북반구 위도를 오르내렸다

월행

낮은 포복으로 기어가다
맞닥뜨렸던 눈빛

총부리 끝에 이슬이 맺히고
눈동자 속으로 달이 질 때까지
꼼짝 않고 마른침만 삼켰다

훗날 역사는 운명이라 했지만
참전 용사 이모부는
더딘 월행으로 기억했다

4부
입수부리 얇은 철새가 하늘에 흘린
푸른 낱알

렌토보다 느리게

해협 수평선에 걸린 조각구름
그물을 내리고
기다리는 고깃배

모래 알갱이를 물고 굴에서 나오는 개미
벚나무 이파리에 붙어서
부화를 꿈꾸는 무당벌레 노란 알

무덤 상석을 덮어 가는 돌이끼
유리창 아래서 조는 고양이

어린이날
거동 불편한 아내에게
한 숟갈 한 숟갈
추어탕을 떠 주는 노인

느리게
아주 느리게 오는 이별

예브게니 코롤리오프가 연주하는 바흐 프랑스 모음곡 제5번을 들으면서

층층나무 아래
풍엽마다 서까래들이 뻗어 간다
지난여름 풍뎅이가 비를 그었던 푸른 처마
속엣것을 비워 내느라
말갛게 드러난 실핏줄
바람이 여린 표피를 들어 올릴 때마다 들리는
바흐의 프랑스 모음곡 〈사라방드〉
느려서 슬픈 무곡, 세상 모든 춤은
밥물 끓어 넘치는 소리를 닮았는지
한 끼 놓쳐 허전한 저녁,
층층나무 아래 한 시절 견딘 풍엽이
서까래들을 가지런하게 끌어모으고
사라방드 뒤에서 물방울처럼 떨어지는 가보트
가을 빗방울, 축축해진 등이 오므라든다
가을 복수, 배액 주머니 누수를 걱정하는 층층 가장
지하철역에서 헤어지는 손들을 꼭 잡고
층층 웃기만
남은 웃음 다 보여 주겠다는 듯

종의 골짜기

고깃배에서 내린 어부는
지붕만 보이는 언덕으로 내달렸다
개들이 녹슨 양철처럼 짖었다

뱃머리에 놓인 작은 수의
노를 멈춘 어부는
이마에 손을 얹고
잠시 눈을 감았다

뒤돌아보지 말고 가거라
아무도 그리워 말거라

큰 물결이 뱃전을 넘어왔다
풍덩, 두 번 들렸다
빈 배는 달빛 따라 떠내려갔다

종鐘의 골짜기에서
흰 나방들이 떼 지어 날아다녔다

해변의 이중주

교교

암초에 걸려 난파된 달빛
악보에서 빠져나온 음표들은
백사장에 구덩이를 파고
밤새 흰 무덤을 낳는다
몇이나 먼 바다로 돌아갈 수 있을까
고요한 산란을 내려다보는
커다란 눈망울
물결 타고 흘러오는 드뷔시

밀치

폭설 내리는 수산시장
주인은 아가미를 따고
풍랑은 방파제를 넘어온다
푹한 날씨에 방심하다가
습설에 발목 잡힌 취객들

무거운 밤길 살펴들 가시라
수족관에 들어찬 밀치들
눈자위에 달이 뜬다

글렌 굴드가 연주하는 바흐 영국 모음곡 제1번 중 사라방드를 들으면서

저녁 여섯 시
날은 이미 어두워졌네
동지가 한 달 넘게 남았는데
벌써 우울해지네, 11월
퇴근길에 나서면 가장 먼저 들어오는
건너편 고시원 간판 불빛
창문 없는 방은 월 이십팔만 원
창문 달린 방은 월 삼십육만 원

밤마다 〈사라방드〉를 틀어도 될까요?
보증금이 없어도 된다는 주인 목소리에
작은 창 하나 뚫고 싶은 11월
바흐의 〈사라방드〉는 묘한 아름다움이야
용서를 받으려고 만든 음악 같아, 11월
사형장 말뚝처럼 어정쩡한 직립

〈사라방드〉, 낙엽 구르는 소리가 들어 있어
혀를 굴려 봐, 익숙한 것들과 헤어지는 소리야

피아노 건반을 떠난 소리는 다시 잡을 수 없거든
이별은 어깨를 구부정하게 만들어, 글렌 굴드처럼
엄마한테 돌아가고 싶은 자세
〈사라방드〉를 연주하는 동안
반쯤 머리 빠진 태아가 되어

마 메르 루아

아이가 처마 밑에 쪼그리고 앉아 있다
슬레이트 지붕에서 빗물이 흘러내린다
아이가 손바닥을 내민다
조금씩 다른 빗방울의 낙하 속도에
입술 파란 저녁이 성큼 다가온다
지붕 아래 일렬횡대 연못들을
아이가 손가락으로 긁어내자
꽁무니에 비구름을 거느린 거위가 걸어온다

뒤뚱뒤뚱, 우산을 너무 믿지 마
장마철에는 종종 길을 잃으니까
꽥꽥, 어서 엄마한테 가렴
큰비에 다리가 끊어진단다
갸우뚱, 아줌마 집은 어디에요?
저기 마당 넓은 폐가가 우리 집이야
어쩌다 빈집이 되었을까, 아이가
까치발을 하고 언덕을 올려다본다

거위가 날개를 푸드덕거리자
눅눅한 습기가 한쪽으로 쏠린다
어느 해 여름 큰물이 지는 밤
물의 요정 나이아데스가 떠난 집이야
오늘 밤이 보름인데 달이 떠야 무도회가 열린단다
석등에 불을 밝히고 밤새 춤을 춘단다
우리 집에 가고 싶으면 따라오렴
아이는 잠시 고민하다가 고개를 끄덕인다
뒤뚱뒤뚱 거위가 홰를 칠 때마다
폐가에 불이 켜지고
지붕을 덮고 있던 구름이 사라진다

빗줄기가 가늘어지자
아이는 소스라치게 놀라며 소리친다
아줌마, 아줌마 뒤를 따라다니는 구름 좀 보세요
물, 물에서 건져 올린 사람들이잖아요
걱정 말거라 슬픈 사람들이란다
물 위에 떠돌아다니는 이들을 내가 데려온단다

지금은 표정도 없고 말도 없지만
달이 뜨고 무도회가 열려야
이들이 돌아갈 집이 생긴단다
아이는 작은 구름이 되어
거위 뒤를 뒤뚱뒤뚱 따라간다
가끔 천둥소리가 거리를 좁혀 준다

대답 없는 질문

문을 여니까 아무도 없네요
차가운 현관 손잡이는 익숙한 악수였으니까요

불을 켜면 구석에 던져 놓은 신문이
공중에 떠다니는 말, 말, 말들을 탈곡하네요
먹을 만한 낟알은 별로 없어요
살기 품은 검은 표창들만 날아다녀요

상징을 잃어버린 밤은 앞만 바라보게 할 뿐
뒤를 돌아보지 못하게 하네요
네온사인 불빛은 더 독해지고
퇴로가 막힌 골목이 뱀처럼 기어나옵니다

포장마차에서 혼자 순대를 씹다가 울컥했어요
식욕을 다스리지 못하는
돼지의 슬픈 내장이 오히려 더 밝아서요
굶주림은 어둠을 싫어하거든요

늦가을에는 저녁 거리를 걷다가
질투심에 몸을 떨기도 했어요

블랙프라이데이 UP TO 80% OFF

정말 갖고 싶었던 선물은
동짓달에 솟은 에쿠르Ekur였거든요

어두워지면 달아날 줄 알았던 밤의 질투
그해 겨울 이불을 뒤집어쓰고
휘파람만 불었어요
그때 처음 알았어요
어둠이 공명 상자가 될 수 있다는 걸

왜 그랬어?
꼭 그래야만 했어?

들쥐가 무덤에 구멍을 파는 밤이었죠

누스쿠Nusku 앞에서 기도를 했지만
짓무른 감귤에서는 곪은 달빛만 새어 나왔어요
대답 없는 하얀 입들이
밤새 하늘에서 떨어졌어요

게르하르트 휘슈를 들으며

죽은 닭을 몇 점 먹은 저녁,
죽은 소설가의 단편을 세 편 읽고
죽은 시인의 시집을 절반쯤 보고
죽은 피아니스트 반주로
죽은 바리톤이 1933년에 부르는
〈겨울 나그네〉를 듣는다
죽은 말이 우편 마차를 끌고 사라지면
아직 죽지 못한 거리의 악사는
언 손으로 바이올린을 켠다

죽은 자들의 등줄기가 켜켜이 쌓인 책장
한때 은밀한 즐거움은 죽은 자들의 틈에서
산 자들의 불행을 베끼는 일이었으나
너무 멀리 있지 않았다 스물다섯
자주 읽었던 『죽음의 푸가』
한여름부터 늦가을 내내 광장에 나부꼈던 만장
고속도로 톨게이트를 빠져나오니
단단한 갑각을 두른 딱정벌레들이 앞을 막았다

긴 대치 끝에 하관을 마치고 돌아오자
추위가 일찍 찾아왔다
그해 겨울 등유 난로에는
죽은 자의 목소리가 타오르고
밤이 깊을수록 그을음은 달콤했다

새가 떠난 나뭇가지가 흔들리더니
여러 손을 탄 부음이 들려온다
눈부시게 환한 윤사월 그늘
꽃잎들은 떨어지며 수의를 깁는다

시적이고 종교적인 어느 변두리의 저녁 음화音畵

1
언덕에 오르면
바람은 나뭇잎들을 둥글게 말고
공중에 성호를 긋는다

올이 풀린 여러 가닥의 길
저녁노을에 하나씩 감기면
부리 휘어진 새들은 먼 데서 돌아오고
인부들은 흙먼지를 털어낸다

마당으로 뛰어내린 고양이가
호박잎 아래서 몸을 길게 펴는 칼국숫집
늙은 여자는 국수를 얇게 밀고
더 늙은 남자는 멸치 국물을 우려낸다

젓가락 먼저 집어 든 사내의
마른 입술을 본 여자는

끓는 솥에 면 한 줌을 더 넣는다

2
귀가하는 사람들을 향해
호출 부호를 상실한 재개발 공가空家
아무렇게 자란 그늘에 숨어 있는
다섯 마리 새끼 고양이

3
위태롭게 쌓여 있는 옹기점 마당
팔리지 않는 둥근 허기

구운 간고등어 살점 같은 달빛만
쌓이는 마당

붉은 섬
―라흐마니노프 죽음의 섬을 들으며

붉은머리 오목눈이가 둥지를 박차고 날아오르며
붉, 붉, 붉…

온 데 쑤시고 안 아픈 데가 없어
앉았다 일어서면 뼈마디들이 먼저 알아듣고
비명을 질러
산으로 올라가는 줄 알고,
이젠 고사리 꺾으러 가지도 못해

근데 머우꽈, 붉은 섬
그 말에 살이 끼었는지
동백꽃은 피어날 기약 없이 떨어졌고
끌려간 사람들은 여즉 돌아오지 않으니

삼춘, 봄에 붉지 않은 게 어디 있수꽈
얼었던 땅이 녹아 붉어지면
바람에 튼 뺨은 불그스름하고
물질 나가는 테왁도 붉디붉어

사월은 온통 붉은 것들 천지인데
더 물들어 버릴 게 뭐이 있다고
그런 해괴한 딱지를 붙여
온 마을을 검게 그을려 놨으니

삼춘, 그만이 해시믄 돼수다
영문 모른 채 징헌 세월만 흘렀다지만
대체 머우꽈, 아직도 붉다는 이 섬에
여태 해원을 기다리는 손들 있으니
그럼 그 손들도 붉은 씨앗이여 뭐여
그게 대체 뭐길래
돌하르방 왕방울 눈은 충혈되고
좀녀 숨비소리는 바당에서
저리 차갑게 울고 있어

대인시장에서 길을 잃고 헤매다 만난 장어의 등은 왜 그렇게 어두웠을까

금남로 함성에 들뜬
옛 도청 동백나무
무등산 상고대를 산정으로 한 겹 밀어 올린다

이 시국에 뭔 음악회 타령인가,
못마땅한 어느 재야가 한소리 지른다
술집에서 나와 가로등 불빛 몇 장
얼굴에 붙이고
가게마다 셔터 내린 시장에 들어선다

어두컴컴한 골목들이 우글대는 수족관
눈으로는 금방 찾을 줄 알았는데
서로의 등짝이 너무 어두워
사거리에서 길을 잃은 사내들
핸드폰에다가 하얀 점액질을 뿜어낸다

어디라고요? 아, 알았어요.

봄기운처럼 먼 데서 들려오는
말러의 부활 트럼펫 소리

얇은 꽃잎에 머물려고
추운 별자리를 지나 달려오는
태초의 빛 같은

바로크 마을에는 개들도 대위법으로 짖는다

걸어서 퇴근하는 날
교회 입구 아름드리 느티나무 아래서
잠시 쉬었다 간다
나무에 모여든 참새들이 참깨를 볶는다

돌의자에 앉아서 고요한 저녁을 응시하면
바람 스치는 이파리마다
상승하는 오르간 소리가 울린다
느티나무 옆 붉은 벽돌 사택에는
늙은 관리인이 혼자 지낸다
비질 지나간 마당은 빗살무늬토기를 닮았다
흩어진 발자국이나 깨진 약속들을 이어 붙인
토기 밑바닥에 고이는 어스름

언덕에는 냉이 뿌리 같은 천문대
아파트 단지가 들어서자 별 볼 일은 사라졌다
텃밭에는 채소들만 무곡처럼 가지런하고
철조망 너머에는 벌을 치는 사내가

조심스럽게 분봉하고 있다

천문대 지붕이 열리는 날은 올까
고고한 요한나 마르치가 별자리를 짚어 가며
바흐를 켜는 밤하늘
날 저문 바로크 마을에는
개들도 대위법으로 짖는다

르송 드 테네브르

종이 울린다
종탑 위로 비둘기들이 날아가고
강을 건너온
작은 당나귀 수레에
저녁 눈발이 내려앉는다
오르간 음향이 하늘로 번진다

젖은 발굽에서 들리는
아기 장난감 소리
검은 모자를 쓴 여인은
손수건으로 눈가를 훔친다
수도원 높은 담장 아래에는
부르다가 멈춘 성가가 고여 있다

골목을 돌며
가로등마다 불을 붙이는
소년 얼굴에
스테인드글라스 빛이 머문다

환상 소곡

1. 석양

물에 떠내려가는 꽃잎
한입 삼켜서
모래톱에 뱉어내는
물고기
비늘에 꽃물 드는 저녁
등대 점등을 기다리는 여인

2. 수색 부근

밤하늘을 점령한 십자가
허공을 배회하는 충혈된 복음
쥐들도 드나들지 않는
저 높고 뾰족한 꼭대기
누구를 향한 기도인가
오늘 밤 성령은 드뷔시 〈달빛〉
조성진은 만월의 사제다

3. 외등

대처로 나간 발자국
기다리느라
꺼질 듯 말 듯
희미한 졸음
구순 할매 앉아 있다

4. 눈 내린 아침

곤줄박이 한 마리
창틀에 붙어 있는
곤충 껍질을 쪼아 먹는다

베토벤〈피아노 소나타 제31번〉
설원이 펼쳐진다
지상의 양식을 뒤덮은 가혹한 무심
아무리 추워도 곤줄박이는 노래할 줄 안다

모이를 쪼는 동작은 모데라토로
겨울을 견디는 힘은 칸타빌레로
아침 창가에 모여든 곤줄박이

5. 엄마 생신

아흔네 번째 봄이 어떠시우?
니네들 흰머리 주름살 보니
봄도 별거 아니구나야
꽃나무는 얌통머리 없이
지 혼자 좋아서 피어나는디
그 꼴 보고 있자니
백지 막걸리만 찾지 뭐여

6. 처서 산책

불쑥, 앞을 가로막고
길을 묻는 여인

눈동자에 가득 찬 풀벌레 소리

살랑살랑 꼬리 흔드는
동네 여름 개 한 마리
잔뜩 어두워진 나를 따라다니고

7. 진고개

이 산골에 누가 사나요?
화전민 부락인데
아직 두 집에 사람이 살아요

멀리 비탈길 오르는
멧돼지 한 마리
눈 쌓인 북사면
등짝에 달라붙어 있다

8. 부음

떨어지는 꽃들은 문자를 남긴다
고양이가 앞발로 톡톡,
꽃잎에 모음을 찍는 저녁
벚나무 아래 환한 밥 한 덩이
바람은 천천히 울음을 풀어 놓는다

9. 폐선

녹슬고 갈라진 혀가
유달산 벚꽃을 핥고 있네
해무 짙은 날에는
유독 환한 꽃을 보고 싶어
어린 눈빛들
파도에 실려 오네
마른 입마다
물 한 모금 건넬 수 없고

젖은 머리 어루만질 수도 없는
차가운 부두
아이처럼 달려드는 뱃고동 소리
엄마 품을 파고드네

10. 사중주

붉은 겨울 노란 봄
계절이 교차하는 산수유나무
황사가 몰려오면
꽃 진 자리에 귀를 갖다 댄다

　베토벤은 왜 〈현악 사중주 14번〉을 쉬지 말고 연주하라 했을까
　도중에 줄 하나쯤 끊어져도 음의 신전은 안녕하신지
　엘리엇의 『네 개 사중주』도 쉬지 않고 읽는다면

　밝은 바릴리로 들을까

묵직한 린지 콰르텟으로 읽을까
생의 마지막에는 요양원 저녁 같은
카페 사중주단이 제법 어울릴 거야

꽃잎 흩날리는 봄날이면 좋을 텐데
슬쩍 낙화에 묻어 가면 표도 안 날 텐데

11. 외풍

커튼 열면 적설의 부피만큼
무지향성으로 녹는 잔설
따스한 햇볕 내려앉은 화단을
사뿐사뿐 거니는 고양이

갑작스러운 발걸음에 놀라
마른 털을 세우는 풀잎

12. 송기원

미황사 부도밭
이끼 덮인 부도 귀퉁이에 앉아
졸고 있는 늦가을 햇살
두 손 공손히 내밀자
잘 익은 해골 하나 툭 떨어진다

13. 샛별

봄눈 그친 저녁
서풍에 묽게 풀어지는 먹빛 구름

그 사이로, 반짝

입수부리 얇은 철새가
하늘에 흘린 푸른 낱알이여

해설

음악을 껴안은 채 이곳을 바라보는 리얼리스트

문종필(문학평론가)

해설

음악을 껴안은 채
이곳을 바라보는 리얼리스트

문종필(문학평론가)

낡은 서정시?

박시우 시인은 두 번째 시집을 갈무리하면서 "한동안 무기력증에 빠졌다./진부한 언어와 낡은 서정 때문에./그때나 지금이나 위로는 음악이었다."(「시인의 말」)라고 적었다. 여기서 중요한 것은 무기력증에 빠진 이유가 '낡은 서정' 때문이라는 것이다. 대체 서정이 무엇이길래, 낡은 서정으로 인해 시인은 무기력증에 빠진 것일까. 서정시가 낡았다는 것은 또 무엇일까. 역으로 낡지 않은 서정시는 무엇일까. 그가 정말로 낡은 서정시를 쓴다면 박시우 시인은 어떤 시를 운영하고 있길래 이런 고백을 하는 것일까. 물론, 시인이 무기력증에 빠진 이유가 단순히 시 쓰기 때문은 아닐 것이다. 지난한 밥벌이가 이유일 수 있고, 독자들이 알지 못하는 생활의 애씀으로 인해 흔들렸을 수도 있다. 하지만 시집의 첫 자리에 '음악'과 '서정시'와 '무기력'을 동시에 논하고 있으니 이 부분에 대해 조금은 생각해 볼 필요가 있다.

우리가 읽는 시 중에 서정시가 있고, 모더니즘 시가 있고, 현실주의 계열의 시가 정해져 있는가. 시가 모두 똑같은 시이면 시이지, 어떤 시는 이렇고, 어떤 시는 저렇다고 말할 수 있을까. 분류와 구분이 수많은 작가와의 '차이'를 논하는 데 유리한 하나의 방법론이며 중요한 것일지는 몰라도, 자신의 시가 어떤 계열에 속한다거나 특정한 개념에 손쉽게 규정당한다면 창작자에게는 참 속상한 일일 테다. 예술가들은 자신의 창작물이 어느 계열에 속한다거나 단단한 개념에 규정당하기보다는, 자신의 작품이 어느 부분에서 울림이 일어나는지를 알게 되거나, 그 시가 지향하는 정서로 인해 많은 생각과 고민거리를 생각하게 되었다는 진득한 말 한마디가 훨씬 더 유용할 수 있다. 이는 시인의 이름을 기억하기보다는 그의 작품을 기억한다는 의미이기 때문이다. 이름만 있는 시인은 비참하다. 그에게는 정작 중요한 시가 없다. 독자들은 그의 이름만을 떠올릴 뿐 아무것도 기대하지 않는다. 글 쓰는 삶에서 '쓰는' 행위가 사라진다. 이름이 있는 시인은 역설적으로 이런 면에서 위태롭다.

최근에 고공농성 시노래 문화제 〈당신의 고공으로 갑니다〉에 참여했다. '해방글터' 동인들이 주축이 되어 문화제가 진행되었다. 세종호텔 노동자로 살아가다 정당한 이유 없이 해고당한 고진수 동지를 위해 가장자리에 있는 예술가들이 마음을 모았다. 내가 이런 말을 적는 이유는 박시우 시인의 시 「공소公所」 역시 고공에 오를 수밖에 없는 한 사람에 대해서 노래하고 있어서다. 그것도 2부의 문을 여는 첫 번째 시이니, 시인이 의도했건 의도하지 않았건 이 안쓰러움에 대해 어떤 방식으로든지 자신의 목소리를 독자들에게 들려주고 싶었을 것이다. 그렇다면 이 작품은 좋은 서정시라고 부를 수 있을까. 그렇지 않다면 덜 좋은 서정시라고 말할 수 있을까. 그것도 아니라면 「시인의 말」처럼 새롭지 못한 낡은 서정의 잔류물일까.

   바람의 파르티타가 흐르는 겨울밤
   털모자를 쓴 노동자들이
   발전소 굴뚝에 올라갔다

   발아래 교회마다 메시아를 외칠 때
   공중 천막에는
   등 시린 별빛이 찾아왔다

   지상에서는
   더 이상 할 수 있는 게 없어
   하늘 높이 차린 전례

기약 없는 복직만큼

머나먼 불빛

—「공소公所」 전문

  이 시는 지상에서 아무것도 할 것이 없어서 죽을 각오로 고공에 올랐던 어느 한 노동자의 모습을 담고 있다. 고공에 오른 노동자가 어떤 노동을 하며 살았는지, 그를 일터 밖으로 밀어낸 회사가 어떤 부당한 대우를 했는지, 이 시의 정보만으로는 알 수 없다. 하지만 절박함은 어렵지 않게 느낄 수 있다. 억울하고 비참한 한 명의 인간이 고공에 오른다는 것은 지상에서는 할 수 있는 것이 없다는 의미이니 그렇다. 그의 선택은 마지막 결심이었다.

  고공에 올라선 노동자에겐 잃을 것이 없다. 고공에서 버티며 홀로 힘겨운 삶을 살아내거나, 내려와 쓰러져 죽거나, 확률은 희박하지만 희망의 끈을 놓지 않고 견디다 투쟁에 승리해 웃는 방식 중 하나밖에 없다. 2009년 용산참사 때 망루에 올라 최소한의 협상을 요구했던 철거민 역시 마찬가지였다. 이들 역시 망루에 올라 버텼지만 얼마 지나지 않아 무참히 짓밟혔다. 국가의 부조리한 폭력 앞에 무참히 쓰러져 푸른색 별이 되었다. 이 참사 이

후에도 고공이나 망루에 오른 사람이 적지 않다. 하지만 세상은 변하지 않았다. 여전히 누군가는 또다시 두 주먹을 움켜쥐고 고공에 오른다. 2025년에도 누군가는 고공에 올라 자신의 억울함을 알리기 위해 울부짖는다. 이 글을 쓰고 있는 지금 이 순간에도 마찬가지다. 명동역 10번 출구 앞에서 회사의 부조리에 온몸으로 절규하는 김진수를 확인할 수 있다. 이처럼 죽을 각오로 그와 그녀는 고공을 횡단한다. 먹는 것도 듣는 것도 배설물을 치우는 것도 쉽지 않지만, 덜덜 떨거나 더위와 추위를 참으면서 자신의 억울함과 부당함을 정면으로 토해내기 위해 고공에 오른다. 이들은 자본주의로서는 틈이며 소멸되어야 할 부정적인 존재이지만, 역설적으로 이들 존재는 기괴한 우리 사회를 예전과는 다른 사회로 성장할 수 있게 한다. '틈'의 존재가 세상을 바꾸고 부조리를 힘겹게 수정한다.

시인은 이 작품에서 이런 사정을 하나하나 나열하지 않는다. 그 이유를 두 가지 정도 생각해 볼 수 있다. 하나는 이 시가 현장 낭송시로 고려되지 않았을 가능성이 높다는 것이다. 연대를 목적으로 회사나 공장의 부조리를 정면으로 반박하는 직접적인 작품은 아니다. 그런 의도가 있었더라면 조금은 더 구체적이고 다급한 리듬으로 시가 운영되었을 것이다. 「공소公所」가 한 노동자의 사연을 구체적으로 나열하지 않은 또 다른 이유는 그가 서 있는 위치로 인해 발생한다. 이러한 특수성은 자의적이기도 하지만, 무의식적이기도 하다. 그가 만약 노동 현장에 직접 개입해 움직이는 위치에 있거나, 고공에 오른 동지와 친밀한 관계를 맺고 있었더라면, 이 작품에서 재현되는 거리와는 사뭇 다른 친밀성과 구체성을 선보였을 것이다. 이는 고공에서 세게 불어오는 바람을 표현하는 태도에서 확인할 수 있다. 시의 첫 시작에서 고공에 오른 노동자의 이마에 "바람의 파르티타"(「공소公所」)가 분다고 시인은 적고 있는데, 파르티타Partita는 이탈리아어로 변주곡이라는 뜻이기 때문이다. 시인이 변주곡을 고공에서 트는 순간, 고공에 오른 당사자성이 드러나기보다는 화자의 '시각'이 전면으로 드러난다. 타자의 시선이 '음악'의 형식으로 집중된다. 시가 이렇게 펼쳐지는 이유는 시인이 오랜 시간 품고 있었던 '음악'의 요소가 고공의 노동자를 재현한 탓이다. 따라서 자연스럽게 거리가 좁혀지는 것이 아니라 유지된다. 이 사실은 노동자와 화자가 분리되는 경험을 낳는다. 고공에서 들을 수 있는 음악의 환경이 펼쳐지지 않는 것이다. 물론, 고공의 노동자가 스마트폰으로 음악을 듣지 못하는 것은 아니지만, 이 음악은 고공에 오른 당사자와는 다른 음악의 형태이다. 그렇다고 해서 이 시가 좋지 않다고 말하는 것이 아니다. 높은 곳에 놓여 있는 "털모자를 쓴 노동자"의 절규와 "발아래 교회마다 메시아"를 외치는 절규가 충돌하면서 한 명의 초라한 절규가 커다란 교회의 절규보다 뒤지지 않는다는 메시지를 전달한다는 점에서는 비판적인 메시지와 서정성을 획득해 오히려 강점이라고 볼 수 있다. '공소公所'의 뜻이 작은 교회라는 점에서도 고공의 간절한 기도를 전달하는 방식은 애절하다. 지금 이곳에서 벌어지는 상황이 어떤 순간인지 잘 타이르면서 알게 한다. 그러나 화자의 이 음악은 고공에 오른 노동자의 것이라고 말할 수 있을까.

중요한 것은 시인이 세상을 바라보는 이런 시선 자체가 두 번째 시집을 관통하는 하나의 눈빛 같다는 생각이 든다는 것이다. 이 지점을 독자들이 눈여겨봐야 하는 이유는 시인이 세상을 바라보는 태도가 이 시 한 편에 무의식적으로 드러난다는 판단 때문이다. 첫 시집의 표정과 두 번째 시집의 표정이 같다고 볼 수는 없지만, 적어도 이번 시집만큼은 시인이 이런 거리 감각으로 세상을 쳐다보고 응시한다. 그는 이런 태도와 시선으로 시인의 의무를 충실히 수행한다. 그렇다면 또 일부의 독자들은 이런 거리감을 부정적인 것으로 여길 수 있다. 당연히 그렇게 생각할 수 있다. 이런 방식보다는 밀착된 거리로 인해 드러나는 당사자성이 값진 것임을 부정하기

쉽지 않다.

최근에 읽은 유성원의 『성원씨는 어디로 가세요?』(난다, 2025)에 드러난 밀도 높은 고백의 강점을 무시할 수 없는 것도 이 때문이다. 그런데 엄밀히 따져보면 이는 부정적이기보다는 어쩔 수 없는 시인을 포함한 인간의 운명 같다고 생각하게 된다. 직접적으로 노동 현장에서 일할 수 있는 시기는 영원하지 않은 것이다. 나의 모든 시간을 현장에서만 살아내는 것은 현실적으로도 불가능하다. 삶이 변하듯이 자신이 놓인 시간과 공간 역시 변한다. 머물러 있을 수 있는 시간과 때가 있다는 점에서 현실을 살아가는 절박한 심정으로 모든 작품을 써 내려갈 수는 없다. 소수의 몇 명은 그럴 수 있다고 하더라도 모든 시인이 이런 작업을 수행할 수는 없다. 각자 자신의 위치에서 자신이 할 수 있는 최선의 문학적 의무를 실행할 뿐이고, 이러한 행위 자체가 개인적으로든 집단의 형식으로든 의미 있다고 본다. 물론, 최전선에서 성실히 부조리한 사건과 폭력에 최대한 밀착해 고백의 영역을 증폭시켰던 작가가 나이가 듦에 따라 거리 감각을 유지한 채 노래하는 것에 대해 아쉬움을 표현할 수도 있겠지만, 이 아쉬움은 작품에 대한 아쉬움이라기보다는 시간에 대한 아쉬움일 뿐이지 덜 좋은 것과는 무관하다.

말이 길어졌다. 정리하자면 박시우 시인은 국가의 부조리에 의해서든 특정 집단에 의해서든 한 명의 노동자가 맞섰던 무게에 대해 노래한다. 그는 두 번째 시집에서, 가장자리에 놓여 있는 짓눌린 존재들에 관해 많은 부분을 할애해 시적 실천과 연대를 이행해 나간다. 시집을 읽고 있는 독자들은 고공에 오른 한 명의 아픈 존재의 '확장'을 이 시집에서 어렵지 않게 목격할 수 있을 것이다. 또한, 힘들 때마다 음악으로 위로를 받았다는 시인의 고백에서 알 수 있듯이, 음악은 그에게 중요하다. 중요한 만큼 시에서도 음악의 요소는 손쉽게 침투된다. '억압'된 존재들을 음악의 손길로 달랜다. 연약한 동물의 모습이라든지, 흔들거리는 노인의 삶이라든지, 폐지 줍는 삶이라든지, 삼각김밥 먹는 고단한 청년의 삶이라든지, 한국현대사의 폭력에 쓰러져간 안타까운 영혼이라든지, 이런 모습들이 시집 속에 자연스럽게 음악의 요소와 함께 묻어 나온다.

> 그해 봄에도 이팝꽃은 피었네
> 서둘러 뽑은 사진을 안고 소복들은 통곡했네
> 꽃잎이 아들 밥그릇에 붙은 밥알처럼 보여
> 거리를 벌벌 기어다녔네

남풍은 보았을 거야
피로 물든 가로수와 구덩이에 굴러떨어지는
그림자들을

그 자리에 핀 이팝꽃은 무성했지만
말라도 너무 마른 봇도랑을 보며 혀를 찼네
한발旱魃에 귀신 귀가 들어갔다지
저수지 바닥을 갈라놓은 가뭄이
골방으로 넘어와
눈동자를 벌겋게 뒤집어 놨네

한동안 입을 조심했네
그저 눈에 담아 두었을 뿐
소쩍새 울음 머리에 동여매고
관짝처럼 누워 지냈네
남풍이 불면 묘지마다 피딱지가 엉겨 붙는데
해마다 찾아오시는 꽃들은
어찌 이리 고운지
마치 속없는 손님들 같아 슬몃슬몃
눈을 흘겼다가 날만 좋으면 뭐 하나 싶어
산천 꽃 향이라도 실컷 자시도록
사철 곁에 모셔 놨네
—「흠향」 전문

앞서 논한 박시우 시인의 다양한 시선 중 이 작품도 기억할 필요가 있다. 이 텍스트 역시 억압받아 고통스러워하는 존재에 대한 그 어떤 구체적인 정황이나 상황이 제시되어 있지 않다. 한국현대사 속에서 안타깝게 죽을 수밖에 없었던 영혼을 언어로 달래는 과정만이 천천히 배어 있다. 서두르지 않는 애도의 방식이라고 말할 수 있다. 아마도 그의 또 다른 작품 「그날의 아리에타」처럼 구체적인 지명이나 장소가 공개적으로 쓰였더라면 독자들에게 조금은 심심한 형태로 다가왔을 것이다. 사고나 참사를 호명하는 순간, 그 언어로 인해 억압받던 존재들은 특정한 시간에 붙잡힌다. 특정한 시간을 시간 자체로 부각하는 것은 의미 있는 일임을 부정할 수 없지만, 어떤 방식이든지 기억해야 할 것들과 기억해야만 하는 것들은 동시대와 같은 감각으로 모든 시간을 통과하기는 힘들다. 문학이 그 기억을 포기하지 않고 끝까지 견인하더라도, 그 순간의 잿빛 상처를 온전히 복원하기는 버겁다. 이 불가능성이 종종 가능성으로 돌변해서 한 형식으로 재현되기도 하지만 같다고 볼 수는 없다. 그 공간과 시간에 놓인 한 인간이 직접 겪은 경험을 당사자가 아닌 타인이 재현하는 것은 그래서 어렵다. 이런 맥락에서 「흠향」은 보편성을 품은 애도의 형식이라고 평할 수 있다. 특정 영혼을 위해 음식을 차리고 이들을 위해 애도하는 행위는 특정한 시간에 포획되지 않은 채 애도 행위가 전면에 지속된다. 애도의 대상 역시도 확장된다. 시간의 무게는 덜어지겠지만, 무게를 잃는 대신 모든 영혼을 동시에 껴안는다. 이 작품의 장점은 이처럼 애도의 시간을 증폭시킨다는 데 있다. 그렇다면 화자는 무엇을 애도할까. 어떤 현장을 품에 안을까. "피로 물든 가로수와 구덩이에 굴러떨어지는/그림자들을"(「훔향」) 품에 안으려고 한다. 그 장소가 어디인지 알 수 없으나, 한국현대사를 통과한 사람들이라면 자연스럽게 제주 4·3을, 한국전쟁을, 4·19혁명을, 87년 6월 항쟁을, 삼풍백화점 붕괴 현장을, 세기말에 있었던 인천 호프집 인현동 화재를, 대구 지하철 참사를, 세월호를, 이태원 참사를 떠올리게 되는 것은 자연스럽다. 화자는 이런 시간을 증폭시켜 영혼'들'을 확장해 애도한다. 비참한 비극의 현장을 '남풍'의 두 눈으로 모두 목격했음을 강조함으로써 폭력적인 '그 무엇'에 대해 우리가 응시하고 있다는 점도 강조한다. 억울하게 죽은 이 영혼들을 위해 해줄 것이 마땅히 없으니, 봄에 불어오는 남풍에 물결치는 "산천 꽃 향이라도 실컷" 자셨으면 좋겠다고 말한다. 하지만, 이 마음은 산자의 마음이겠다. 정확히 말해, 산자의 부끄러움이겠다. 그러나 이 부끄러움이 시를 짓게 하고, 이 부끄러움이 지금보다는 조금 더 나은 삶을 꿈꾸게 한다. 부끄러움이야말로 진정한 진보이다. 이것을 우리는 상투적이지만 '희망'을 잃지 않으면 안 된다고 말할 수 있겠다. 희망을 마음속에 품고 있는 것 자체가 희망으로 우리를 인도하는 것이다. 애도하는 행위는 두 번 다시 그런 일이 발생해서는 안 된다고 기도하는 것과 무관하지 않다. 박시우 시인의 이 작품 역시도 제사 음식을 영혼들이 힘겹게 먹는다는 설정을 통해 두 번 다시는 이러한 비극이 지금과 같은 시대에 벌어져서는 안 된다고 말한다. 독자들 역시 그런 날이 언젠가는 꼭 올 수 있기를 간절히 바란다.

음악으로 그려낸 음화音畫

박시우 시인의 3부 제목은 「내란의 밤」이다. 그렇다고 해서 3부가 2024년 12월 3일에 있었던 어처구니없는 윤석열 정부의 내란에 관한 내용으로 가득 채워져 있는 것은 아니다. 3부의 시작은 죽음으로 시작한다. 엄마와 함께 생애 마지막으로 국수를 먹었던 봄날의 서글픈 이야기로 문을 연다. 그다음 텍스트부터는 그런 엄마의 과거 요양원 경험이 희망의 형태로 실려 있고, 너무 오래 살아서 짐이 될까 봐 걱정하는 엄마의 자해 이야기도, 아르바이트를 하지 못해 속상해하거나 삼각김밥으로 하루를 견디는 청년의 모습도, 하얀 안전모를 착용하고 일하기 위해 타워크레인 사다리를 오르는 어느 한 노동자의 모습도, 눅눅하고 비릿한 바닷가 풍경도, 문명의 비판도, 동굴 벽화에 대한 상상도, 소 잡는 날의 서글픔도, 폭력적인 식욕에 대한 현대인의 부조리도, 추운 겨울날의 풍경도, 내란 당일의 쓸쓸함도, 동학 농민과 제주 4·3 그리고 5·18 광주, 후쿠시마 원전 사고도, 음악가의 무덤에 대한 사연도, 전쟁의 참혹한 현장도 시인은 담아내려고 노력한다. 그의 의도가 성공적으로 전달되었든, 그렇지 않든, 그는 자신만의 방식으로 잊지 말아야 할 것을 잊지 않기 위해 노력하고, 동시대의 안쓰러운 풍경을 끌어안으려고 애쓴다. 아마도 이러한 태도는 한 명의 시인으로서 작가의 의무를 성실히 수행하겠다는 시인의 의도와 리얼리스트로서 자신의 몫을 충실히 수행하겠다는 의도와 다름없다. 글을 쓰는 시인이라면 잊지 않고 마지막까지 기억하고자 하는 것이 문학인으로서의 자세이기도 하기 때문이다. 그런데, 당연한 이런 문학인의 자세가 한 사람에게만 적용되는 것은 아니다. 박시우 시인에 의해서만 노래되는 것은 아니다. 국내는 물론 국외를 포함해 지구상에 있는 수많은 창작자가 부조리와 처절하게 싸워왔고 지금도 여전히 싸우고 있다. 잊지 말아야 할 것들을 가슴속에 품은 채 끝까지 기억하려고 하는 점이, 모든 예술가가 지금 이 순간에도 병든 이 사회를 치유하기 위해 발버둥치는 방식이다. 그래서 앞서 논한 예술가의 '당위성'은 특별한 것이 되지 못한다. 시대의 상처와 상흔에 귀 기울이는 것은 삶의 이유이자 의무이기도 하기 때문이다.

이 지점에서 '어떻게'가 딸려 나온다. 여기서 '어떻게'를 '차이'라고도 부를 수 있다. 다른 말로 말해, 동시대의 상흔이나 상처를 노래하는 데 있어서 다른 시인들과 구별되는 그만의 특징이 무엇인지 물어야 한다는 것이다. 하지만 박시우 시인의 경우, 이 지점에 대해 생각하는 것은 어렵지 않다. 무기력증을 극복해 주는 유일한 탈출구가 '음악'이라고 시인이 고백한 것에서 알 수 있듯이, 특별한 그의 '음악'에 대한 재능과 경험이 자연스럽게 작품의 영역에 침투하게 되고, 이 지점이 바로 다른 작가들과 구별되는 '차이'의 표정이라고 부를 수 있기 때문이다. 세상에 그 어떤 작품도 같은 작품은 없을 것이다. 누군가의 시나 삶을 훔쳐 작품을 쓰는 아류 시인을 제외하고는 그 어떤 삶도 소중하지 않다고 말할 수 없다. 그러나 이 소중함은 때론 손쉽게 무시당하기도 한다. 같은 작품이란 존재하지 않지만, 이 같지 않음이 '차이'를 생성하지 못할 때 이것을 우리는 인습이나 관습에 얽매여 자유를 찾지 못한 작품이라고 말할 수 있겠다. 자유를 꿈꾸지 못하는 창작자의 작품에는 '차이'를 드러내지 못한 채, 인습적인 시의 표정만을 품에 안는다. '차이'를 품에 안지 못한 채 불구가 되어 버린 것이다. 이런 의미에서 박시우 시인과 다른 시인과 구별되는 가장 큰 차이는 '음악' 자체라고 말할 수 있겠다. 음악이 자연스럽게 시에 침투하는 과정에서 시질詩質이 정해지는 성질 자체가 그만이 가지고 있는 예술적 장점이자 풍경이라고 말할 수 있겠다. 하지만 이 장점이 매번 성공하는 것은 아니다. 이것을 우리는 풍경을 응시하는 방법과 관련해 생각해 볼 수 있다. 풍경을 마냥 쳐다보는 과정에서 풍경의 아름다움과 흔들림을 노래하는 경우가 있고, 풍경을 쳐다보는 것에 만족하지 않고 풍경 속에 사는 방식을 생각해 볼 수 있다.

박시우 시인에게는 이 두 가지 모습이 겹쳐 있다. 가령, 손쉬운 예를 들자면 「글렌 굴드가 연주하는 바흐 영국 모음곡 제1번 중 사라방드를 들으면서」에서는 퇴근길이 그려진다. 그때 화자에겐 창문 없는 고시원 풍경이 다가온다. 고시원에 살아야 하는 이유는 다양할 수 있다. 지방에서 서울로 올라와 잠시 머무를 수 있는 거처를 찾기 위해 고시원에 있을 수 있고, 정말로 살 곳이 없어서 열악한 환경에서 버티는 것인지도 모른다. 화자는 이런 순간들을 떠올리면서 글렌 굴드가 연주한 〈사라방드)를 시 속으로 편입시킨다. 하지만 이 방식이 지나치게 투명하다. 정황은 충분히 느낄 수 있겠으나, 음악이 운영되는 방식이 조금은 초라해 보인다. "이별은 어깨를 구부정하게 만들어 글렌 굴드처럼/ 엄마한테 돌아가고 싶은 자세"(「글렌 굴드가 연주하는 바흐 영국 모음곡 제1번 중 사라방드를 들으면서」)라고 했을 때, 이별과 움츠림과 움츠린 감정의 기운으로 자신의 탄생과 시간의 우여곡절을 셈하는 것까지는 좋지만, '처럼'이라는 직유의 형식으로 음악이 운영된다면 음악의 요소와 작품의 언어가 일차원의 형태로만 소통하는 것에 그치는 것 같다는 생각이 든다. 음악과 관련된 그의 모든 작품이 그렇다고 규정할 수는 없지만, 이와 같은 음악의 운영은 독자로서 조금은 아쉬운 것이 사실이다. 그러나 그에게는 이런 작품만 존재하는 것이 아니다. 음악을 운영하는 데 있어서 음악 '자체'가 언어와 함께 걷는 것이 아니라 언어가 음악의 언어로 재현되는 예도 있다. 그런데 또다시 생각해야 할 것은 시가 태생부터 음악을 품고 있다는 것일 테다. 그래서 굳이 음악 자체가 동화되지 않아도 많은 시는 이미 '음악'을 노골적으로 경유하고 있다. 그래서 박시우 시인만의 장점은 조심스럽게 밀려나게 되는지도 모른다. 그러니 오히려 조금은 아쉬운 직접적인 '음악'의 재현 형식이 그만의 장점이라고 말할 수 있겠다. 그러나 다시 한번 비틀어 다음과 같은 작품의 '의도'는 음악을 언어화하는 데 조금은 성공했다고 볼 수 있지 않을까.

1

언덕에 오르면
바람은 나뭇잎들을 둥글게 말고
공중에 성호를 긋는다

올이 풀린 여러 가닥의 길
저녁노을에 하나씩 감기면
부리 휘어진 새들은 먼 데서 돌아오고
인부들은 흙먼지를 털어낸다

마당으로 뛰어내린 고양이가
호박잎 아래서 몸을 길게 펴는 칼국숫집
늙은 여자는 국수를 얇게 밀고
더 늙은 남자는 멸치 국물을 우려낸다

젓가락 먼저 집어 든 사내의
마른 입술을 본 여자는

끓는 솥에 면 한 줌을 더 넣는다

2

귀가하는 사람들을 향해
호출 부호를 상실한 재개발 공가空家
아무렇게 자란 그늘에 숨어 있는
다섯 마리 새끼 고양이

3

위태롭게 쌓여 있는 옹기점 마당
팔리지 않는 둥근 허기

구운 간고등어 살점 같은 달빛만
쌓이는 마당
—「시적이고 종교적인
어느 변두리의 저녁 음화音畫」 전문

 이 시에서 시인의 의도는 '음화'이다. 표제 음악의 효과를 시에서 찾으려고 했다는 의미도 섞여 있다. 표제음악은 음악가가 의도한 음악의 방향과 소리의 요소가 어느 정도 일치하는 것을 말한다. 그렇다면 이 시에서 '표제'에 해당하는 것은 무엇일까. 그것은 재개발을 앞둔 '어느 변두리' 지역의 '저녁'이다. 마을이 텅 비어 있다. 텅 빈 집 구석에 고양이 가족은 삶을 새롭게 시작한다. 옹기점 마당에는 질그릇과 오지그릇이 팔리지 않는다. 파리가 날린다. 그밖에 성호를 긋는 간절함을 담아내기도 하고, 고된 노동이 끝난 어느 한 노동자의 옷과 신발에 묻은 흙먼지를 털어내기도 한다. 이런 변두리 동네에서 가장 인상적인 것은 국수를 먹는 장면이다. 늙은 노부부가 운영하는 어느 칼국수 집에서 화자는 할머니의 대리자가 되어 허기를 채우려고 했던 한 노동자의 마른 입술에 시선을 보낸다. 그 이후, "끓는 솥에 면 한 줌을 더"(「시적이고 종교적인 어느 변두리의 저녁 음화音畵」) 베푸는 마음으로 확장된다. 이와 같은 풍경이 증명해주듯이, 변두리인 이 동네는 재개발로 인해 어수선하다. 시인은 가장자리에 놓여 있는 어느 한 변두리의 모습을 음악의 형식으로 그려내려고 노력한다.

표제 형식으로 이 시를 감상한다면, 독자들은 추상적인 언어의 형식을 자신만의 방식으로 변주하는 과정에서 어느 한 마을 '변두리'의 모습을 상상할 수 있다. 그리고 이러한 상상의 이끌림은 시간을 품은 채 자연스럽게 이미지화된다. 독자들은 여기서 멈추지 않고 이 풍경을 음악의 요소로 환원해 버린다면 이 시간과 공간은 어떤 음악으로 재현될까. 이 시의 재현이 성공과 실패 여부를 떠나 시의 시간을 음악의 시간으로 옮겨 놓을 수 있다는 상상의 힘(믿음) 자체가 다른 시인과 구별되는 박시우 시인만의 시적 '의도'라고 부를 수 있겠다. 이 시집의 마지막 작품 「환상 소곡」 역시 마찬가지로 운영된다. 음악은 그에게 이처럼 깊숙이 침투되어 있다.

여름 위에 서서

송판에 못질하는 먼 아재
얼룩덜룩 메기 등짝에
쌀알 같은 땀방울이 흘러내렸다

불러도 대답 없는
타마구 바른 피막 문짝에
돌멩이를 던지자
검버섯 핀 송장메뚜기들이
그늘 한입 물고 날아올랐다

풀 먹인 도포 자락 스치는 소리에 놀라
과수원 끄트머리로 달려

언덕에 오르면
구름은 마을 어귀에
청동빛 밥그릇을 차려 놓았다

풋사과 따 먹은 입술 아려 오는
저녁 돌담길
저승에서 넘어오느라
입 벌리고 더운 숨 토해내는
능소화 모가지들을 한 아름 꺾어
이끼 우물에 던졌다

낮에는 혼자 질구내에서 헤엄치다가
저녁에는 익모초를 마시고
모깃불 피운 평상에 누워도
열꽃은 가라앉지 않았다
　　　　　　　　　—「장원의 여름」 전문

　우리가 지금 함께 읽고 있는 「장원의 여름」 이외에도 '여름' 이미지는 이 시집에서 종종 등장한다. 피할 수 없는 죄의 속성을 "업장"(「장마」)으로 이해하는 과정에서 그 시기가 여름으로 운용되기도 하고, "늦여름"(「나루터 민박집」) 바닷가에서 밀려오는 진득한 냄새를 표현하는 데 사용되기도 한다. 아버지와 어머니 모두 떠나보내고 제사 지낼 때 먹었던 "여름"(「배차전」)날 배추전을 떠올릴 때 표현되기도 하고, "여름에는 조용하다가/ 날이 추워지면서"(「그 밤, 베토벤 30번 소나타를 듣고 있었을 때」) 생기는 '누수'의 시기를 짐작할 때 사용되기도 한다. 강이나 개울에 큰비가 내려 범람하는 표현인 "큰물이 지는 밤"(「마 메르 루아」)을 표현할 때 계절의 여름이 사용되기도 하고, "한여름부터 늦가을 내내 광장"(「게르하르트 휘슈를 들으며」)에서 촛불을 들었던 물리적인 시간을 셈할 때도 사용되기도 한다. 비가 내리는 여름날 작은 풍뎅이가 "비를 그었던"(「예브게니 코롤리오프가 연주하는 바흐 프랑스 모음곡 제5번을 들으면서」) 순간을 표현하는 데 사용되기도 하고, 여름 산책길에 따라오는 "개 한 마리"(「환상 소곡」)의 공간을 표현하는 데 사용된다. 하지만 이런 쓰임은 여름이라는 특정한 계절에서 발생할 수 있는 익숙한 모습일 테다. 무엇보다도 시인의 '여름'을 느끼기에는 부족하다.

그렇다면 박시우 시인만이 가진 '여름'은 무엇일까. 여름이라고 해서 특별한 뭐가 있을까. 덥고, 짜증 나고, 숨 막히고, 뜨겁고, 즐겁고, 바다에 빠질 수 있고, 쓰러져 사람이 실려 나가고, 여름 장마로 인해 사고가 일어나고, 즐겁게 모래 해변을 질주하고, 마음껏 땀 흘리고, 누군가는 밀어내지 않고 즐기는, 이런 복잡한 감정이 각자 서 있는 위치나 상황에 따라 다르게 기억될 뿐이지 않을까. 그 과정에서 자신만의 여름이 완성되는 것은 아닐까. 이 여름을 모으고 모아서 때론 힘 있는 '여름'을 발견할 수도 있겠지만, 그렇게 완성된 여름은 그의 여름이지 나의 여름은 아닐 것이다. 그런 의미에서 「장원의 여름」은 타인의 흔적이나 살갗에 묻은 작은 한 단면의 형태가 아닌 그만의 여름이라는 점에서 관심을 가져야 한다. 시인이 품고 있는 여름을 향한 시선이 그의 정체성과 무관하지 않기 때문이다. 그렇다면 직접 풍경을 만져보기로 하자.

소나무로 만든 널빤지에 사내는 못질 한다. 그의 노동에서 시인은 "쌀알 같은 땀방울"(「장원의 여름」)을 본다. 문짝에 돌을 던지자 "검버섯 핀 송장메뚜기들이/그늘 한입 물고" 날아오르는 장면을 본다. 마을 언덕에 올라 구름에 덮인 마을을 본다. 꽃이 떨어지기 전에 땅으로 떨어져 자신의 모습을 온전히 보존하는 능소화를 본다. 능소화를 보면서 삶과 죽음의 순간을 잡아낸다. 그렇다면 다음과 같은 결론을 낼 수 있다. 이런 시선을 통해 박시우 시인은 노동자에 대한 연민의 시선과 인간으로서는 피할 수 없는 삶과 죽음의 시선을, 그리고 삶 속에서 만난 인간의 평범하지만 소중한 풍경을 운영하는 데 더운 여름을 통과하고 있다는 사실을 말이다. 이 과정에서 음악은 자연스럽게 풍경의 배경이 된다. 이는 음악 듣기를 포기하지 않으면서, 음악 곁에서 가여운 존재를 가슴속에 안고 시 쓰며 살아간다는 말이기도 하다. 그의 음악은 이런 풍경을 운영하는 데 사용된다. 따라서 우리는 그를 '언어적 음화'를 즐기는 리얼리스트로 부를 수 있겠다. 이 말은 우리가 모두 리얼리스트가 되어야 한다는 말이기도 하며 평범한 우리가 리얼리스트여야 하는 이유이기도 하겠다. 하지만 이런 표현보다도 그는 음악 속에서 시 쓰는 시인이라고 명명하는 것이 더 좋을 것 같다. 언젠가는 그의 음악 이야기가 산문 형식으로 나왔으면 좋겠다는 마음을 가져본다. 그것은 아마도 시론이 되지 않을까.

내가 어두운 그늘이었을 때
2025년 8월 8일 1판 1쇄 펴냄

지은이	박시우
펴낸이	김성규
편집	조혜주 최주연
디자인	신혜연
펴낸곳	걷는사람
주소	경기도 용인시 기흥구 동백중앙로 358-6, 7층 (본사)
	서울 마포구 월드컵로16길 51 서교자이빌 304호 (지사)
전화	031 281 2602 / 02 323 2602
팩스	02 323 2603
등록	2016년 11월 18일 제25100-2016-000083호

ISBN 979-11-7501-001-7 04810
ISBN 979-11-89128-01-2 (세트)

* 이 책 내용의 전부 또는 일부를 재사용하려면 반드시 지은이와 출판사의 동의를 얻어야 합니다.
* 잘못된 책은 교환해 드립니다.